BEI GRIN MACHT SICH IHR WISSEN BEZAHLT

Erstellung einer einfachen Java-Anwendung. Verwaltung eines Karteisystems.

Bibliografische Information der Deutschen Nationalbibliothek:

Die Deutsche Nationalbibliothek verzeichnet diese Publikation in der Deutschen Nationalbibliografie; detaillierte bibliografische Daten sind im Internet über http://dnb.d-nb.de abrufbar.

ISBN: 9783346616364
Dieses Buch ist auch als E-Book erhältlich.

Druck und Bindung: Books on Demand GmbH, Norderstedt Germany
Gedruckt auf säurefreiem Papier aus verantwortungsvollen Quellen

Das vorliegende Werk wurde sorgfältig erarbeitet. Dennoch übernehmen Autoren und Verlag für die Richtigkeit von Angaben, Hinweisen, Links und Ratschlägen sowie eventuelle Druckfehler keine Haftung.

Das Buch bei GRIN: https://www.grin.com/document/1183428

Assignment zum Modul JAV41

Erstellung einer einfachen Java-
Anwendung zur Verwaltung eines
Karteisystems.

Schreibweise

In dieser Arbeit sind zur besseren Übersicht Variablen- und Methodennamen, sowie Codeausschnitte in der Schriftart `Courier New` dargestellt.

Inhaltsverzeichnis

Abbildungsverzeichnis IV

1 Einleitung 1

   1.1 Problemstellung 1

   1.2 Aufbau und Ziel 1

2 Theoretische Grundlagen zu Java 2

   2.1 Objektorientierung 2

   2.2 Klassen 2

   2.3 Methoden 3

   2.4 Die Unified Modeling Language (UML) 4

3 Programmentwicklung 4

   3.1 Entwicklung der Klasse Freund 4

   3.2 Entwicklung der Klasse Adresse 7

   3.3 Entwicklung der Klasse Kartei 9

   3.4 Entwicklung der Klasse Main 11

      3.4.1 Methoden der Klasse Main 12

4 Mögliche Fehler 14

5 Zusammenfassung und kritische Reflexion 15

Abbildungsverzeichnis

Abbildung 1: UML Diagramm der Klasse Freund............................... 6
Abbildung 2: UML Diagramm der Klasse Adresse 9
Abbildung 3: UML Diagramm der Klasse Kartei 11
Abbildung 4: UML-Diagramm der Klasse Main 12

1 Einleitung

In unserem Alltag treffen wir in fast jedem Lebensbereich auf Softwarelösungen. Sei es das Office-Packet in der Arbeit oder die Verwendung von sozialen Medien im privaten Bereich. Selbst die im Handel erhältliche Hardware kann nicht ohne Ablauf eines Programms funktionieren. Aufgrund von unterschiedlichen Anwendungsfeldern gibt es unterschiedliche Programmiersprachen, um das optimale Ergebnis zu erzielen. Laut dem Statistischen Bundesamt, belegt Java den zweiten Platz als beliebteste Programmiersprache weltweit.[1] Grund dafür ist unter anderem, dass Java im Gegensatz zu anderen Programmiersprachen plattformunabhängig ist und nahezu auf allen Rechnersystemen lauffähig ist.[2]

1.1 Problemstellung

Als zentrale Problemstellung der vorliegenden Arbeit gilt es, eine Java-Anwendung zur Verwaltung eines elektronischen Karteisystems zu erstellen. Hierfür müssen geeignete Klassen erstellt werden, mit denen es möglich sein soll, Freunde samt Adresse zu erstellen und zu verwalten. Zusätzlich sollen diese Klassen Methoden enthalten, mit denen Attribute ausgelesen und geändert werden können. Zudem sollen Fehler, die bei der Programmierung auftreten können, berücksichtigt werden.

1.2 Aufbau und Ziel

Der Aufbau dieser Arbeit teilt sich im Wesentlichen in vier Teile auf. Nach der Einleitung gibt Kapitel 2 einen Überblick über die Begrifflichkeiten in dieser Arbeit. Kapitel 3 bildet den Schwerpunkt der Arbeit. Dort wird die Entwicklung der Anwendung mit Hilfe von Codeblöcken sowie UML-Diagrammen erläutert und dokumentiert. Im Kapitel 4 wird auf mögliche Fehler, die bei der Programmierung auftreten können, näher eingegangen. Abschließend erfolgt eine Zusammenfassung sowie eine kritische Reflexion der gesamten Arbeit.

---

[1] Vgl. Statista, Die beliebtesten Programmiersprachen weltweit laut PYPL-Index im November 2021, Internetquelle.
[2] Vgl. Abts, 2016, S.1.

Das Ziel dieser Arbeit ist die erfolgreiche Umsetzung und Dokumentation der Java-Anwendung sowie den dazugehörigen Methoden und Komponenten. Die Entwicklung des elektronischen Karteisystems wird unter Anwendung des objektorientierten Konzepts realisiert.

2 Theoretische Grundlagen zu Java

Da diese Arbeit ein gewisses Maß an Programmierkenntnissen voraussetzt, sollen in diesem Kapitel nur drei Begriffe erläutert werden um den Umfang dieser Arbeit nicht zu überschreiten.

2.1 Objektorientierung

Während sich zur Anfangszeit der Digitalisierung noch andere Programmiersprachen dominierten, hat sich in den letzten Jahren die objektorientierte Programmiersprache Java durchgesetzt. Neben der objektorientierten Programmierung lässt sich Java auch der imperativen Programmierung zuordnen.[3] Der zentrale Aspekt der Objektorientierung liegt darin einzelne Sachverhalte in einem Programm als Objekte darzustellen.[4] Ein Objekt („Instanz") setzt sich aus seinen Eigenschaften (Attribute) und Verbindungen zu anderen Objekten zusammen und wird zur Laufzeit eines Programms erzeugt. Dabei stellt das Objekt eine Abstraktion der realen Welt dar.[5] Objekte können Gegenstände wie z. B. Autos oder Mitarbeiter sein, aber auch eine fiktive Bedeutung haben, wie z. B. ein bestimmter Vertrag.[6]

2.2 Klassen

Ein Programm das in Java geschrieben worden ist besteht aus Klassen. Eine Klasse stellt einen Bauplan dar und besitzen unterschiedliche Eigenschaften. So kann die Klasse Fahrzeug die Eigenschaft „Farbe" besitzen.[7]

---

[3] Vgl. Boles u. Boles, 2014, S. 2.
[4] Vgl. Abts, 2016, S. 7.
[5] Vgl. Goll, 2011, S. 280.
[6] Vgl. Goll, 2011, S. 276.
[7] Vgl. Abts, 2016, S. 35.

Eine Klasse verfügt über zwei wesentliche Merkmale:

- Attribute (was das Objekt hat)
- Operationen (was das Objekt kann)

Attribute und Operationen werden auch als Eigenschaften eines Objekts bezeichnet.[7] Eine Klasse wird in Java wie folgt definiert:

```
//Anlegen der Klasse
class Fahrzeug {
//Eigenschaften
int tempo = 0;
//Funktion mit einem Argument
void beschleunige(int mehr) {
tempo += mehr;
    } }
```

2.3 Methoden

Objekte beinhalten Daten als auch Methoden, welche die Daten bearbeiten. Methoden stellen in der Softwareentwicklung Schnittstellen des Objekts zu seiner Umgebung dar und bestimmen das Verhalten des Objekts. So sind Methoden in der Lage Werte zu empfangen („Übergabeparameter") als auch zurückzugeben („Rückgabeparameter").[9] Beispiel einer Methode in Java:

```
double kontoStand(){

    ...

    //Ermittle saldo

    ...

    return saldo;

}
```

[7] Vgl. Ullenboom, 2019, S. 229. [9]
Vgl. Abts, 2016, S. 27.

2.4 Die Unified Modeling Language (UML)

Aufgrund der kontinuierlichen wachsenden Komplexität von Technologien und dem Internet, beispielsweise im Online-Banking-Bereich, ist es notwendig, die Entwicklungstechniken kontinuierlich zu optimieren und anzupassen. Ausgehend von dieser Prämisse wurde eine visuelle Modellierungssprache zur Spezifikation und Dokumentation für die Softwareentwicklung erschaffen. Die UML bietet Entwicklern die Möglichkeit, Abläufe auf eine einheitliche Basis zu erstellen und Systembeschreibungen für Fachfremde nachvollziehbar darzustellen.[8]

3 Programmentwicklung

3.1 Entwicklung der Klasse Freund

Der Integer `schluesselFreund` soll sich im Laufe des Programms, immer wenn ein neuer Freund erstellt wird, mit dem Postinkrement um eins erhöhen. Damit kann jeder Freund eindeutig identifiziert werden. Die als `private` gekennzeichneten Attribute, Methoden und Konstruktoren können nur von der eigenen Klasse genutzt werden. Attribute einer Klasse sollten immer als `private` deklariert werden, um einen unbefugten Zugriff von außen zu verhindern.[11] Der unten dargestellte Code zeigt die deklarierten Variablen der Klasse Freund, die alle als `private` gekennzeichnet sind. Da bei dieser Anwendung keine festgelegte Anzahl an Freunden vorgegeben ist, benötigt man ein veränderbares Array. Daher wurde für die Speicherung der Adressen ein `ArrayList<Adresse>` verwendet, dass zusammen mit einem neu erzeugten Objekt Freund gespeichert wird.

```
// Deklaration der Instanzvariablen
private static int schluesselvergabe=1;
private int schluesselFreund; private
String vorname; private String
nachname; private String geburtsdatum;
private ArrayList<Adresse> adressen = new ArrayList<Adresse>();
```

[8] Vgl. Rumpe, 2011, S. 6. [11]
Vgl. Abts, 2018, S. 57.

Die Klasse Freund besitzt einen Konstruktor, der für das Setzen von Werten für das erstellte Objekte zuständig ist. [9] Somit kann jedem erstellten Freund Vorname, Nachname, Geburtsdatum und eine Adresse zugewiesen werden. Für die Klasse Freund lautet der Konstruktor wie folgt:

```
// Konstruktor

public Freund(String vorname, String nachname, String geburtsdatum) {
this.vorname = vorname; this.nachname = nachname; this.geburtsdatum =
geburtsdatum;
this.schluesselFreund = schluesselvergabe++;
}
```

Wie oben im Code zu sehen ist, trägt der Konstruktor den gleichen Namen wie die Klasse. Mit dieser Methode wird ein neues Objekt der Klasse Freund erstellt.

Mit dem unteren Java-Code wird zunächst eine Variable thomasmueller der Klasse Freund deklariert und anschließend das Objekt mit Hilfe des Konstruktors instanziiert und initialisiert.

```
// Anlegen eines Freundes
Freund thomasmueller = new Freund("Thomas", "Mueller", "22.01.1955");
```

Die unten angeführte Abbildung 1 zeigt ein UML-Diagramm mit allen Methoden der Klasse Freund. Um eine Änderung an einem Objektattribut vorzunehmen oder eine Auskunft über das Attribut und seinen Wert zu bekommen, benötigt man Methoden, die als Getter- und SetterMethoden bezeichnet werden. [10] In der Klasse Freund befinden sich mehrere dieser Zugriffsmethoden.

---

[9] Vgl. Ullenboom, 2019, S. 434f.
[10] Vgl. Ullenboom, 2019, S. 862ff.

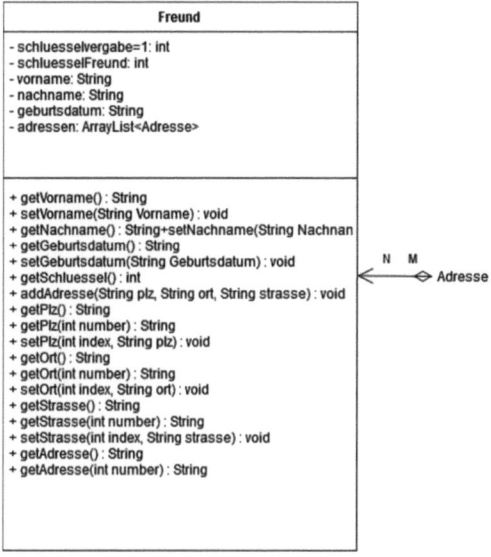

Freund
- schluesselvergabe=1: int - schluesselFreund: int - vorname: String - nachname: String - geburtsdatum: String - adressen: ArrayList<Adresse>
+ getVorname() : String + setVorname(String Vorname) : void + getNachname() : String+setNachname(String Nachnan + getGeburtsdatum() : String + setGeburtsdatum(String Geburtsdatum) : void + getSchluessel() : int + addAdresse(String plz, String ort, String strasse) : void + getPlz() : String + getPlz(int number) : String + setPlz(int index, String plz) : void + getOrt() : String + getOrt(int number) : String + setOrt(int index, String ort) : void + getStrasse() : String + getStrasse(int number) : String + setStrasse(int index, String strasse) : void + getAdresse() : String + getAdresse(int number) : String

N   M

◄───────◆ Adresse

Abbildung 1: UML Diagramm der Klasse Freund

Als Beispiele sollen folgende Java-Codes dienen:

```java
// Methode um Vornamen zu bekommen
public String getVorname() {
        return this.vorname;
}

// Methode um neuen Vornamen zu setzen public
    void setVorname(String Vorname) {
        this.vorname = Vorname;
}
```

Mit der `getVorname()` Methode wird der initialisierte Wert `vorname` mit Hilfe der `return` Anweisung ausgegeben[11], wohingegen mit der Set-Methode setVorname() kein Wert ausgegeben wird. Es wird lediglich der Variable `vorname` ein neuer Wert zugewiesen. Da es keinen Rückgabewert für die Set-Methode gibt, muss vor dem Methodennamen ein `void` stehen. Der Methode setVorname() wird ein Parameter des Typs `String` mit der Variable

---

[11] Vgl. Goll u. Heinisch, 2014, S. 319.

Vorname übergeben.[12]

Des Weiteren beinhaltet die Klasse Freund folgende weitere Methode:

```
// Methode um neue Adresse hinzuzufügen

public void addAdresse(String plz, String ort, String strasse) {
    Adresse addr = new Adresse(plz, ort, strasse);
adressen.add(addr); }
```

Mit dieser wird eine Variable `addr` der Klasse Adresse deklariert und anschließend das Objekt mit Hilfe des Konstruktors instanziiert und mit den Variablen `plz`, `ort`, `strasse` initialisiert. Anschließend wird der `ArrayList<Adresse>` das Klassenobjekt mit der `add()` Methode hinzugefügt. Aufgrund der beschränkten Seitenanzahl in diesem Assignment, können die restlichen Methoden in der Freund.txt Datei, die sich im Anhang befindet, entnommen werden.

3.2 Entwicklung der Klasse Adresse

Wie die Klasse Freund besitzt auch die Klasse Adresse Variablen. Diese sind mit dem Modifier `private` vor einem Zugriff von außen geschützt. Der Java-Code für die Variablen sieht wie folgt aus:

```
//Variablen private
String strasse; private
String plz; private
String ort;
```

Wie in der Aufgabenstellung gegeben, enthält diese Klasse nur die Variablen `strasse`, `plz` und `ort`. Diese werden bei der Instanziierung und Initialisierung der Klasse Adresse in der `ArrayList<Adresse>`, die sich in der Klasse Freund befindet, gespeichert. Auch die Klasse Adresse enthält einen Konstruktor, der für die Erzeugung von Objekten zuständig ist. Der Konstruktor für diese Klasse wird in Java, wie folgt, deklariert:

```
//Konstruktor
```

---

[12] Vgl. Goll u. Heinisch, 2014, S. 319.

```
public Adresse(String plz, String ort, String strasse) {
this.plz = plz;   this.ort = ort;   this.strasse =
strasse; }
```

Wie in der vorherigen Klasse, ist der Methodenname gleich der Klassenname. Die übergebenen

Parameter sind alle vom Typ String und dienen zur Initialisierung der Variablen. Die restlichen

Methoden dieser Klasse, sind typische Getter- und Setter-Methoden, mit denen die Variablen

der Klasse gesetzt oder ausgegeben werden können. Der untenstehende Java-Code zeigt die

Zugriffsmethoden der Klasse Adresse.

```
//Methoden

public String getPlz() {
      return plz;
}
public void setPlz(String plz) {
this.plz = plz;
}
public String getOrt() {
      return ort;
}
public void setOrt(String ort) {
this.ort = ort;
}

public String getStrasse() {
return strasse;
}
public void setStrasse(String strasse) {
this.strasse = strasse;
}
```

Die Abbildung 2 stellt die Klasse Adresse als UML-Diagramm grafisch dar. Dieses Diagramm

diente als Bauplan für die Klasse. An dieser Stelle wird jedoch nicht weiter auf die Regeln zur

Notation in UML sowie auf die Details und die Wahl der Attribute und Methoden eingegangen.

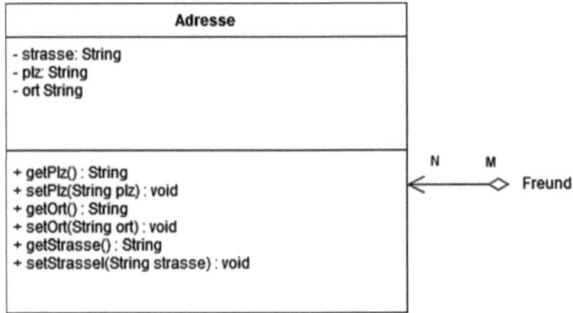

Adresse
- strasse: String - plz: String - ort String
+ getPlz() : String + setPlz(String plz) : void + getOrt() : String + setOrt(String ort) : void + getStrasse() : String + setStrassel(String strasse) : void

N   M

Freund

Abbildung 2: UML Diagramm der Klasse Adresse

3.3 Entwicklung der Klasse Kartei

Mit Hilfe der Klasse Kartei und den dazugehörigen Methoden sollen Freunde sowie Adressen hinzugefügt, gelöscht, ausgegeben und verändert werden können. Wie die Klassen zuvor besitzt auch diese Klasse Kartei Variablen.

```
//Variablen

private ArrayList<Freund> freunde = new ArrayList<Freund>(); private
int anzahl = 0;
```

In der `ArrayList<Freund>` werden die in der Klasse Main erzeugten Freunde samt Adresse gespeichert. Die Variable `anzahl` wird mit dem Wert 0 initialisiert. Dieser Wert dient dazu, um die Anzahl der erzeugten Freunde auszugeben. Der Java-Code für die beiden Variablen sieht folgendermaßen aus:

```
//Variablen

private ArrayList<Freund> freunde = new ArrayList<Freund>(); private
int anzahl = 0;
```

Anders als bei den beiden Klassen zuvor besitzt diese Klasse Kartei einen leeren Konstruktor ohne Parameterübergabe. Der Grund dafür ist, dass es sich dabei um ein Objekt handelt, welches keine eigenen Eigenschaften wie Name oder Alter besitzt.[13] Wie der Name der Klasse bereits vermuten lässt, ist es eine Art Karteikasten, der Freunde aufnimmt und diese verwaltet.

Im weiteren Verlauf werden exemplarisch nur zwei Methoden der Klasse Kartei erläutert. Diese lauten wie folgt:

```
// Methode zum hinzufügen eines Freundes zur Kartei
public void add(Freund f) {    freunde.add(f);
      anzahl++;
}

// Methode zum löschen eines Freundes aus der Kartei
public void remove(Freund f) {
freunde.remove(f);
      anzahl--;
}
```

Bei der ersten Methode mit dem Namen add, wird ein Objekt Freund f als Parameter an die Methode übergeben. Die ArrayList mit dem Namen freunde fügt diesen übergebenen Parameter mit der add() Methode in die Liste. Anschließend wird die Anzahl der Freunde mit anzahl++ um eins erhöht.

Mit der zweiten Methode remove wird das Gegenteil bewirkt. Der übergebene Parameter wird mit Hilfe der remove() Methode aus der ArrayList<Freund> gelöscht. Anschließend wird mit dem Dekrement-Operator die Anzahl der Freunde um eins gekürzt.[14]

Mit der Abbildung 3 soll die Klasse Kartei, mit Hilfe eines UML-Diagramms grafisch veranschaulicht werden.

---

[13] Vgl. Herold et al., 2017, S. 193.
[14] Vgl. Ullenboom, 2019, S.147.

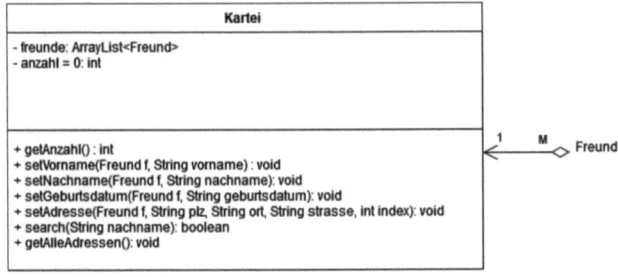

Abbildung 3: UML Diagramm der Klasse Kartei

3.4 Entwicklung der Klasse Main

Die Klasse Main ist eine besondere Klasse, denn sie dient als Startpunkt für die Anwendung. Daher muss jedes Java-Programm über eine `main()` Methode verfügen. Die Syntax `public static void main(String[] args)` dient diesbezüglich als Einstiegspunkt in die Anwendung.[15] Die Main Methode wird folgend unterteilt:

- public: Ist ein Modifier und gibt an, dass auf die Methode von außen zugegriffen werden kann.[16]

- static: Mit dem static-Schlagwort wird ausgedrückt, dass etwas direkt zu einer Klasse gehört. Man muss keine Instanz einer Klasse erstellen, um auf eine Methode zugreifen zu können.[17]

- void: Gibt an, dass die Methode keinen Rückgabewert besitzt.[18]

- main(): Ist der Name für die Methode.

- String[] args: Enthält in Java die bereitgestellten Befehlszeilenargumente als Array von String Objekten. Das Schlüsselwort args ist der Name eines Arrays und kann durch jedes beliebige Wort ersetzt werden.[22]

---

[15] Vgl. Ullenboom, 2019, S. 113.
[16] Vgl. Ullenboom, 2019, S. 409.
[17] Vgl. Ullenboom, 2019, S. 421.
[18] Vgl. Herold et al., 2017, S. 193.
[22] Vgl. Abts, 2018, S. 47.

Das UML-Diagramm in der Abbildung 4 soll einen Überblick über die Methoden, der Klasse Main, darstellen.

```
                        MainProgramm
+ new Kartei(): void
+ new Freund("Jonas", "Mueller", "22.01.1955"): void
+ new Freund("Hans", "Kramer", "27.03.1986"): void
+ new Freund("Dieter", "Gross", "08.02.1995"): void+ new Freund
+ addAdresse("80331", "Muenchen", "Bahnhofstrasse 12"): void
+ addAdresse("10115", "Berlin", "Ankerweg 5"): void
+ addAdresse("47888", "Hamburg", "Betonblock 8"): void
+ addAdresse("90402", "Nuernberg", "Tierstrasse 23"): void
+ add(jonasmueller): void
+ add(hanskramer): void
+ add(dietergross): void
+ add(michaelwurst): void
+ remove(hanskramer): void
+ getGeburtsdatum(): String
+ getStrasse(): String
+ getAlleAdressen(): String
```

Abbildung 4: UML-Diagramm der Klasse Main

3.4.1 Methoden der Klasse Main

Da die Methoden der Klasse sequenziell abgearbeitet werden, muss zuerst eine Kartei erstellt werden.

```
// Anlegen einer Kartei "Freundesliste"
Kartei freundesliste = new Kartei();
```

Der Typname Kartei der selbstdefinierten Klasse, wird vor dem Variablen-Namen freundesliste deklariert. Bei der Initialisierung mit Hilfe des obenstehenden Codes, wird der Objektvariablen freundesliste eine Instanz der Klasse Kartei zugewiesen. Der newOperator dient dazu diese Instanz zu erzeugen.[19]

Nachdem die Kartei angelegt ist, geschieht dasselbe mit den Freunden. Demonstrativ werden dazu in der Anwendung vier Freunde angelegt, wie dem folgenden Code zu entnehmen ist:

```
// Anlegen von vier Freunden
Freund jonasmueller = new Freund("Jonas", "Mueller", "22.01.1955");
```

---

[19] Vgl. Herold et al., 2017, S. 192.

```
Freund hanskramer = new Freund("Hans", "Kramer", "27.03.1986");
Freund dietergross = new Freund("Dieter", "Gross", "08.02.1995");
Freund michaelwurst = new Freund("Michael", "Wurst", "11.01.1996");
```

Mit dem new-Operator wird eine neue Instanz Freund erzeugt. Der Konstruktor der Klasse Freund bekommt nun die Argumente übergeben, die er dann im Methodenrumpf den Instanzvariablen (vorname, nachname, geburtsdatum) zuweist.

Des Weiteren werden zu den erzeugten Freunden noch die Adressen benötigt. Diese werden mit dem unten deklarierten Code zu den jeweiligen Freunden hinzugefügt.

```
// Hinzufügen der Adressen zu den einzelnen Freunden
jonasmueller.addAdresse("80331", "Muenchen", "Bahnhofstrasse 12");
hanskramer.addAdresse("10115", "Berlin", "Ankerweg 5");
dietergross.addAdresse("47888", "Hamburg", "Betonblock 8");
michaelwurst.addAdresse("90402", "Nuernberg", "Tierstrasse 23");
```

Das Objekt `jonasmueller` ruft die Instanzmethode `addAdresse()` auf und übergibt dieser, die im Code blaumarkierten Wörter als Parameter. Die Instanzmethode, die sich in der Klasse Freund befindet, erstellt mit den erhaltenen Argumenten ein neues Objekt und speichert dieses in die `ArrayList<Adresse>` ab. Somit wird jedem erzeugten Freund eine Adresse zugewiesen.

Sind die Freunde und deren Adressen erzeugt, müssen diese noch in der Kartei gespeichert werden. In dieser Anwendung wird das mit dem folgenden Code umgesetzt:

```
// Hinzufügen der Freunde zur Kartei "Freundesliste"
freundesliste.add(jonasmueller);
freundesliste.add(hanskramer); freundesliste.add(dietergross);
freundesliste.add(michaelwurst);
```

Mit der am Anfang erzeugten Instanz der Klasse Kartei wird mit Hilfe der Objektvariablen `freundesliste` die Instanzmethode `add()` aufgerufen und der erzeugte Freund als Parameter übergeben. Dieser wird dann in der `ArrayList<Freund>` gespeichert.

Wie in der Aufgabenstellung gegeben, soll beispielhaft das Löschen eines Eintrages und eine Änderung an einem Eintrag vorgenommen werden. Am Schluss soll eine Adressliste aller Freunde ausgegeben werden. Diese Anforderungen werden mit den folgenden Codes umgesetzt:

```
// Loeschen eines Freundes
freundesliste.remove(hanskramer);

// Beispielhafte aenderung eines Geburtsdatums und einer Strasse
System.out.println("Geburtsdatum Jonas Mueller: " +
jonasmueller.getGeburtsdatum());
jonasmueller.setGeburtsdatum("13.09.1989");
System.out.println("Geburtsdatum Jonas Mueller: " +
jonasmueller.getGeburtsdatum());
System.out.println("Strasse Dieter Gross: " + dietergross.getStrasse());
dietergross.setStrasse(0, "Meisterstrasse 19");
System.out.println("Strasse Dieter Gross: " + dietergross.getStrasse());


// Ausgabe der Adressliste aller Freunde freundesliste.getAlleAdressen();
```

Im ersten Code wird das Objekt hanskramer mit der Instanzmethode remove() aus der Kartei gelöscht. Anschließend werden im zweiten Code, beispielhaft am Objekt jonasmueller, das Geburtsdatum und am Objekt dietergross die Straße geändert. Dies geschieht mit der Getter- und Setter-Methode. Die Funktionsweise dieser Methoden wurde bereits weiter oben im Assignment erläutert. Am Ende werden mit der Instanzmethode getAlleAdressen() alle Freunde mit Adresse als Zeichenkette ausgegeben.

4 Mögliche Fehler

In der Planung und in der Umsetzung von Softwareprogrammen kann es schnell zu Fehlern kommen, die zum Teil nicht sofort erkannt werden. An dieser Stelle sollen einige dieser Fehler erläutert werden. Ein wichtiger Aspekt in Java ist die Unterscheidung zwischen Groß- und Kleinbuchstaben man sagt auch Java ist case sensitiv. Beispielsweise ist die Variable auto ungleich der Variablen Auto.[20] In Java gibt es bestimmte Regeln und Konventionen bei der Vergabe von Variablen- und Methodennamen. So beginnen Klassen mit Großbuchstaben, Variablen und Methoden mit Kleinbuchstaben, wobei die Methoden eine Tätigkeit beschreiben sollten.[21] Eine weitere Fehlerquelle ist die Benutzung von Arrays. Der kleinste Index eines Arrays beginnt bei 0, das heißt, die Deklaration `int a[5]` definiert fünf Feldelemente `a[0]` bis `a[4]`. Beim Versuch auf a[5] zuzugreifen, wird vom Compiler eine Zugriffsverletzung aufgefangen(Exception). [22] Ein beliebter Fehler ist das Arbeiten mit Operatoren. Die Verwechslung des Zuweisungsoperators (=) mit dem Gleichheitsoperator (==) kann zu einer langwierigen Suche führen.[23]

5 Zusammenfassung und kritische Reflexion

Ziel dieses Assignments war es, sich mit der Programmiersprache Java auseinanderzusetzen. Diesbezüglich sollte eine Java-Anwendung erstellt werden, die zur Verwaltung eines Karteisystems dient. Bereits bei der Einarbeitung in die Thematik wird sehr schnell klar, wie weitläufig und umfangreich dieses Gebiet ist. Trotz des geringen Anforderungskatalogs an die Anwendung wird deutlich, wie wichtig ein methodisches Vorgehen ist. Ständiges Ändern und Verbessern des Codes haben gezeigt, dass eine solche kleine Anwendung nie zu Ende entwickelt werden kann.

Abschließend sollen durch die kritische Reflexion dieser Arbeit, Schwächen beziehungsweise Verbesserungsmöglichkeiten aufgezeigt werden. Mit dem Main-Programms werden die jeweiligen Klassen nur getestet. Nach dem Beenden der Anwendung gehen alle Daten verloren. Um dies zu verhindern, gibt es verschiedene Möglichkeiten. Man könnte die Daten als Textdatei speichern oder eine Datenbank verwenden, um Daten persistent zu speichern. Um Fehler bei der Eingabe von beispielsweise Vorname und Nachname vorzubeugen, könnte überprüft werden, ob sich tatsächlich nur Buchstaben im Textfeld befinden. Sollte es sich um eine falsche Eingabe handeln könnte eine Fehlermeldung erscheinen. In unserem Programm wird der Code

---

[20] Vgl. Goll u. Heinisch, 2014, S.132.
[21] Vgl. o.V., Naming Conventions, Internetquelle.
[22] Vgl. Abts, 2018, S. 6.
[23] Vgl. Goll u. Heinisch, 2014, S. 259.

lediglich in der Konsole ausgegeben. Zur besseren Kommunikation mit unserer Anwendung könnte man eine grafische Benutzeroberfläche erstellen. In der objektorientierten Programmierung fallen die Fehlersuche und die Erweiterung des Programms deutlich leichter. Mit einem strukturierten Code finden sich andere Entwickler deutlich leichter zurecht.

Literaturverzeichnis

Abts, Dietmar: Grundkurs JAVA *Von den Grundlagen bis zu Datenbank- Netzanwendungen*, 9., überarbeitete und erweiterte Auflage, Mönchengladbach, 2016

Abts, Dietmar: Grundkurs JAVA *Von den Grundlagen bis zu Datenbank- Netzanwendungen*, 10., aktualisierte und erweiterte Auflage, Mönchengladbach, 2018

Boles, Dietrich, **Boles**, Cornelia: Objektorientierte Programmierung spielend gelernt mit dem Java-Hamster-Modell, 3., durchgesehene Auflage, Oldenburg, 2018

Goll, Joachim: Methoden und Architekturen der Softwaretechnik, 2011

Goll, Joachim, **Heinisch**, Cornelia: Java als erste Programmiersprache *Ein professioneller Einstieg in die Objektorientierung mit Java*, 7., Esslingen, 2014

Herold, Helmut, **Lurz**, Bruno, **Wohlrab**, Jürgen, **Hopf**, Matthias: Grundlagen der Informatik, 3., aktualisierte Auflage, 2017

o.V.: **Naming Conventions**,
https://www.oracle.com/java/technologies/javase/codeconventions-namingconventions.html
(Zugriff am 15.11.2021)

Rumpe, Bernhard: Modellierung mit UML *Sprache, Konzepte und Methodik*, 2., 2011

Statistisches Bundesamt. (2021) *Die beliebtesten Programmiersprachen weltweit laut PYPL-Index im November 2021*[Online]

Available at:
https://de.statista.com/statistik/daten/studie/678732/umfrage/beliebtesteprogrammiersprache n-weltweit-laut-pypl-index/ **(Zugriff am 15.11.2021)**

Ullenboom, Christian: Java Ist Auch Eine Insel, 15., aktualisierte und überarbeitete Auflage, Bonn, 2019